Sicher sieht es in Kalifornien anders aus, aber auch unsere kleine norddeutsche Welt hat ihre Vorzüge. Wir liegen nicht unter Palmen, sondern unter umweltfreundlichen Windrädern; unser Bier heißt nicht Michelob oder Schlitz, sondern Hanse Pils und Flensburger, und wenn morgens ein Auto vor der Tür hupt, dann ist es der Bäcker mit frischen Brötchen und nicht das Mordkommando.
Ja, wir erleben unsere Abenteuer mehr im Inneren.

Jurek Becker

Ein Erlebnis der besonderen Art: der Besuch von Schleimünde mit Hafen, Lotseninsel und Leuchtturm

Das Ornumer Noor liegt etwas östlich von Missunde. Es ist die schmalste der als Noore bezeichneten Seitenbuchten der Schlei.

Die Skyline von Kappeln, dem „ehemaligen“ Fischerort an der Schlei, mit der Schleibrücke.

Idylle pur: Reetdachhaus in der Nähe von Sieseby, dem wohl schönsten Dorf an der Schlei

Über rekonstruierte Wikingerhäuser geht der Blick hinüber zum Museum Haithabu, das kieloben liegenden Schiffen nachempfunden wurde.

Hier haben die Herzöge von Schleswig-Holstein-Gottorf residiert: Heute ist Schloss Gottorf ein Museum für Kunst, Kulturgeschichte und Archäologie.

SOPHIE LAUFER

DAS UNBEKANNTE PARADIES

DIE SCHLEI

MIT EINEM VORWORT VON

KIRSTEN BOIE

ELLERT & RICHTER VERLAG

INHALT

Kirsten Boie

VORWORT

„Die Schlei macht glücklich!“, hat vor über zwanzig Jahren eine Freundin zu mir gesagt, als die Schlei sogar im doch eigentlich gar nicht so fernen Hamburg noch ein Geheimtipp war. Und da, ich meine es ernst, stimme ich ihr nun wirklich zu.

Die Schlei? Was ist denn die Schlei? Bei Lesungen anderswo in Deutschland aus meinen „Sommerby“-Büchern, die an Schlei und Ostsee spielen, werde ich das oft gefragt, und dann beame ich eine Landkarte an die Wand: Guckt mal, da! Hier spielen die Geschichten! Das ist die Schlei!

Und dann die überraschten Reaktionen: Das ist ja fast schon in Dänemark! Und mehr als 50 Kilometer lang! Und ist das wirklich kein Fluss, sondern ein Meeresarm? (Ist es. Aber kein Fjord übrigens, sondern eine glaziale Rinne, und was das genau ist, weiß ich auch nicht. Was uns aber nicht kümmern muss, solange die Schlei glücklich macht.)

Wie kann es sein, dass diese wunderschöne, ruhige Landschaft so lange fast vollkommen unbemerkt geblieben ist?

Liegt es vielleicht daran, dass bisher niemand die Schlei besungen hat? Dass ihre Bewohner bescheiden darauf verzichtet haben, die zurückhaltenden Schönheiten der Gegend anzupreisen? So hat die Region das Glück gehabt, bis vor einigen Jahren in einem abgelegenen Winkel der Geschichte der Aufmerksamkeit der Tourismusindustrie zu entgehen; und deshalb haben Besucher auch heute oft noch das Gefühl, zurück in eine gemächlichere Zeit zu reisen.

Sie wundern sich über die Ortsnamen, die in großer Zahl auf -up oder -by enden (ja, wie Bullerbü, natürlich!), und erfahren staunend, dass die Schlei über Jahrhunderte tatsächlich zu Dänemark gehört hat: Das mehr als achthundert Jahre alte, beeindruckende Schloss Gottorf in Schleswig war der Sitz des dänischen Statthalters in Schleswig-Holstein; und tatsächlich sind aus ihm im 18. Jahrhundert vier schwedische Könige und mehrere russische Zaren hervorgegangen. Damals also noch nichts mit: „am Rande der Geschichte“!

Und das gilt in noch viel stärkerem Maße, wenn wir von Schleswig den Sprung über die Schlei tun, hinüber zur Handelsmetropole der Wikinger, der Siedlung Haithabu, die im Mittelalter eine Zeit lang tatsächlich die einwohnerreichste Stadt Nordeuropas war. Im großartigen Haithabu-Museum kann man noch immer einen sehr plastischen Eindruck davon bekommen.

Nicht nur die Ortsnamen erinnern an die dänische Zeit: In der Region leben nach wie vor viele Menschen, deren Muttersprache Dänisch ist, man hört es überall in den kleinen Orten; und es gibt natürlich dänische Schulen und Kitas. Auch Plattdeutsch wird von vielen Menschen noch gesprochen. Aber keine Sorge: Auch mit Hochdeutsch kommt man an der Schlei bestens zurecht!

All das sind nicht ausreichend Gründe dafür, dass die Schlei glücklich macht? Das ist ja auch längst noch nicht alles! Viele Besucher kommen immer wieder: Sie lieben die gewundenen schmalen Straßen, die unzähligen Reetdachhäuser, den Blick über leuchtend gelbe Rapsfelder aufs Wasser von Schlei und Ostsee; sie erkunden die Region gemächlich mit dem Rad und staunen über Deutschlands kleinste Stadt Arnis, die in einem Kampf gegen die Leibeigenschaft entstanden ist und die man über das Wasser mit der Fähre erreicht, und über das idyllische Bilderbuchdorf Sieseby; sie baden in der Ostsee und in der Schlei (aber da muss man die schönsten Badestellen schon selber suchen!), fahren mit dem Ausflugsdampfer zum Leuchtturm auf der Lotseninsel an der Mündung in die Ostsee und schlendern die Hauptstraße der kleinen Stadt Maasholm hinunter zwischen niedrigen, von Rosen umrankten Häusern bis zum Hafen und von dort auf dem Deich bis zum Naturschutzgebiet.

Und manchmal sitzen sie auch einfach nur auf einem der vielen Stege am Ufer und gucken aufs Wasser. Weil die Schlei nicht nur glücklich macht, sondern auch gelassen.

Es lohnt, das einmal auszuprobieren. Vielleicht schafft das ja sogar schon dieses Buch!

Rabelsund: Die reetgedeckten Häuser liegen direkt am Ufer der Schlei.

VON GELTING ÜBER WACKERBALLIG BIS NACH UNEWATT – DIE REGION ANGELN

Man kann Gerd Nagel stundenlang zuhören, wenn er Geschichten über „seinen“ Leuchtturm erzählt und über die Menschen, die er hier getraut hat. Da gab es das Paar, das ihn anrief, weil es unbedingt am 4.4.2004 in Falshöft heiraten wollte und zwar um 4.04 Uhr. Klar habe er das möglich gemacht, sich am besagten Termin einen Wecker auf 2.30 Uhr gestellt, einen Kaffee getrunken und wenig später dem übermüdeten Paar gegenübergesessen. „Im Nachhinein war den beiden auch klar, dass das nicht die ideale Zeit war“, sagt Nagel, der unzählige solcher Episoden aus seiner Zeit als Standesbeamter erzählen kann – und über den Leuchtturm, der ihm so viel bedeutet: „Das ist mein Kind.“ Solange er könne, werde er versuchen, sich für das Wahrzeichen zu engagieren, sagt der Vorsitzende des Fördervereins Leuchtturm Falshöft.

Nagel hatte in den 90er-Jahren erst einen Kursus für Standesbeamte besucht, später kam ihm die Idee, den Leuchtturm für Trauungen zu nutzen. Schließlich wurde das alte Quermarkenfeuer am Eingang der Flensburger Förde im Jahr 2000 abgeschaltet und stand quasi ohne Funktion direkt am Strand. Als sein geliebter Turm zum Verkauf angeboten wurde, war es wieder Gerd Nagel, der die erforderliche Summe zusammensammelte. Seitdem gehört der Turm dem Amt Geltinger Birk, seitdem kommen aus der ganzen Republik Paare hierher, um sich trauen zu lassen. Nagel hat Stück für Stück dafür gesorgt, dass der Leuchtturm von innen renoviert und restauriert wurde. Im Erdgeschoss gibt es einen Ausstellungsraum, der die Geschichte des Leuchtfeuers erzählt. Einen Stock darüber liegt das ehemalige Zimmer der Leuchtturmwärter, in dem es aussieht wie in den 50er-Jahren des vergangenen Jahrhunderts. Ein Doppelstockbett, eine Waschnische und ein Tisch mit drei Stühlen: Hier lebten die beiden zuständigen Wärter und sorgten dafür, dass das Feuer nie erlosch. Erst 1963 hielt die Elektrizität Einzug. Im dritten Stock des Turmes befindet sich der inzwischen wichtigste Raum, das Trauzimmer. Von hier aus können die Paare ein weiteres Stockwerk nach oben steigen und in einem Raum mit bis zu zehn Menschen auf die Trauung anstoßen. Ganz oben befindet sich der Technikraum, auch ein Relikt aus alten Tagen. Von hier aus können die Gäste auf den äußeren Rundweg treten, für einen Blick über Land und Meer. Und für Hochzeitsbilder.

Der Blick reicht weit, auf der einen Seite erstreckt sich die Ostsee in Richtung Schleimünde, auf der anderen in Richtung Geltinger Birk. Nur erahnen kann man hinter den Bäumen kurz vor der Schlei das Gut Oehe, das direkt am Wasser hinter einem kleinen Deich liegt. Die 400 Hektar große Anlage mit ihren zehn Häusern wurde 1707 als Gut erbaut und war lange das Jagdschloss des dänischen Königs. Heute ist sie im Besitz der Familie Matz.

Schaut man vom Leuchtturm in Richtung Gelting, kann man das vermutlich schönste Naturschutzgebiet der ganzen Region überblicken, die Geltinger Birk. Dieses 773 Hektar große Areal lässt sich sowohl zu Fuß als auch mit dem Rad erkunden. Auf Rundwegen kommt man an Wasserflächen wie dem Geltinger Noor vorbei, an Strandseen, Sümpfen, Wäldern, Salzwiesen, Dünen und Salzgraswiesen. Auf dem Areal brüten mehr als 90 verschiedene Vogelarten. Es ist möglich, dass man bei einem Spaziergang einen Seeadler sichtet oder Kraniche, Zwergseeschwalben, Rotschenkel, Neuntöter, Sprosser oder Schwarz- und Braunkehlchen. Im Gebiet befindet sich zudem eine Graureiher- und Kormorankolonie. Insgesamt wurden rund 200 Arten gezählt, die die Geltinger Birk zum Rasten oder für die Überwinterung nutzen. Zur Pflege und zum Erhalt dieser Wiesenlandschaften lässt die Stiftung Naturschutz Schleswig-Holstein, der das Gebiet gehört, Koniks (polnische Wildpferde), Galloways, Ziegen und Schafe frei herumlaufen.

Wer mit Blick auf die Birk und die Ostsee ins Bett gehen und wieder aufwachen möchte, kann das im Reetdorf Geltinger Birk. Das zehn Hektar große

Areal, das von Marion und Norbert Essing entworfen und gebaut wurde, befindet sich am Rande des kleinen Dorfes Nieby. 48 luxuriöse Reethäuser können von Urlaubern gemietet werden, jedes Gebäude hat Meerblick.

Nicht weit entfernt liegt der Ort Gelting mit der St. Katharinenkirche. Sie wurde im 14. Jahrhundert erbaut, vermutlich schon kurz nach 1300. Das Gotteshaus ist ein typisches Beispiel für die Kirchen der Region. In Angeln gibt es ungewöhnlich viele romanische Kirchen, die zum großen Teil aus Feldsteinen, aber auch aus Backsteinen errichtet wurden. Obwohl die St. Katharinenkirche im Jahr 1794 umgestaltet und erweitert wurde, sind bis heute Teile dieses ersten romanischen Baus erhalten, beispielsweise die flache Bretterdecke im Gemeindeteil. Nicht weit entfernt steht das Gut Gelting, oftmals auch Schloss Gelting genannt. Es ist von einem Wassergraben umgeben und mit seinen 800 Jahren eines der ältesten Güter in Angeln, Namensgeber des Ortes und im Besitz der Familie Hobe-Gelting.

Sehenswert ist auch der angrenzende Hafen Wackerballig, zu dem man über einen 200 Meter langen Holzsteg kommt, der über das Wasser führt. Die Geltinger Bucht ist insgesamt wunderschön. Im geschützten Wasser kann gefahrlos gebadet werden, viele Kite-Surfer zieht es hierher, wenn der Wind mal wieder kräftig bläst. Eine Surfschule ist gleich nebenan.

All das gehört zur Halbinsel Angeln, die gegenüber von Schwansen liegt und von der Flensburger Förde und der Schlei umgeben ist. Die Menschen, die hier wohnen, nennen sich selbstbewusst Angelner und sie blicken auf eine große Geschichte. Zum ersten Mal soll das Volk der Angeln 98 nach Christus von Tacitus erwähnt worden sein, später zogen Menschen aus der Region genau wie die Sachsen nach Britannien und gaben England seinen Namen. Und jetzt wissen Sie auch, woher der Begriff Angelsachsen kommt…

Wer ein wenig mehr über das bäuerliche Leben der Region lernen möchte, sollte bis zur Gemeinde Langballig fahren. Das Örtchen allein ist einen Besuch wert, hat es doch einen wunderbaren Naturstrand, ein Naturschutzgebiet und das Tal der Langballigau, wo es seltene Pflanzen- und Vogelarten zu sehen gibt. Bezaubernd ist auch der kleine Hafen, der heute viel und gern von Seglern auf dem Weg in die Flensburger Förde hinein oder aus der Förde heraus angelaufen wird.

Hier im Örtchen Unewatt, das zur Gemeinde Langballig gehört, steht auch das gleichnamige Volkskundemuseum. Ursprünglich war es ein Freilichtmuseum, bis Anfang der 80er-Jahre das sogenannte Marxenhaus dazukam. Das Südangeliter Fachhallenhaus, dessen ältester Gebäudeteil aus dem Jahr 1626 stammt, retteten Denkmal- und Volkskundefachleute 1979 in Süderbrarup, bauten es ab, lagerten es ein und bauten es Anfang der 80er-Jahre in Unewatt wieder auf. Das historische Gebäude brannte im Jahr 2024 komplett nieder. Derzeit ist noch nicht klar, wie diese Lücke im Museum künftig gefüllt werden soll. Klar ist, so heißt es aus dem Museum, an der Stelle, an der das alte Marxenhaus gestanden hat, soll ein neues Gebäude als Eingang zum Museum errichtet werden. Vermutlich werde das aber eher ein Zweckbau werden, der allerdings architektonisch an das Museum angepasst ist. Das Marxenhaus nach altem Vorbild wieder aufzubauen ist derzeit keine Option. Aber auch andere Häuser können dort heute besichtigt werden, wie das Transformatorenhaus, die Räucherei, eine Windmühle, die Buttermühle oder die Christesen-Scheune mit vielen alten Fahrzeugen. Für Besucher gibt es einen ausgeschilderten Rundweg durch das Dorf, der auch an dem Restaurant Unewatt vorbeiführt, das Jennifer und Hendrik Kleist 2021 eröffnet haben. Hier wird feinheimisch gekocht, die Lebensmittel stammen zu großen Teilen aus der Region, außerdem wird nachhaltig und ökologisch gewirtschaftet. Wer also auch noch wissen will, wie Angeln schmeckt, ist hier genau richtig.

Der Leuchtturm von Falshöft ist weithin sichtbar. Das alte Quermarkenfeuer wurde 1910 gebaut. Es wies viele Jahre lang die Schifffahrt auf die Untiefen vor Kalkgrund und dem Bredgrund hin. 2002 wurde das Feuer gelöscht. Seitdem dient der 24,40 Meter hohe Turm als Ausflugsziel, Hochzeitsort und Museum.

Das Gut Oehe liegt kurz hinter Maasholm quasi direkt an der Ostsee, die Mündung der Schlei ist einige Fahrradminuten entfernt. Nur ein kleiner Deich trennt das Areal vom Meer. Das herrschaftliche Haus wurde im Jahr 1707 gebaut und war lange das Jagdschloss des dänischen Königs.

Die 1826 errichtete Erdholländer-Windmühle Charlotte begrüßt alle Besucher am Eingang der Geltinger Birk. Sie wurde 1826 auf den Damm gebaut, der von Goldhöft zur Birk führt. Die Charlotte sollte zur Entwässerung des Noores beitragen, außerdem wurde hier Korn gemahlen. 1938 verließ der letzte Müller die Mühle.

So schön wie heute sah die Mühle Charlotte nicht immer aus. Nach dem Auszug des letzten Müllers verfiel sie viele Jahre lang. Dabei war sie sogar noch bis 1970 als Schöpfmühle im Einsatz. Heute ist die Mühle Charlotte im Privatbesitz. Erst 2013 ließ der Eigentümer Reetdach und Flügel erneuern.

Die Geltinger Birk entstand durch die Eindeichung einer Bucht in der Ostsee. Viele Feuchtgebiete gibt es deshalb hier heute immer noch. Dazu weitläufige Wasserflächen, wie beispielsweise das Geltinger Noor und Salz- und Seegras-wiesen.

Durch das gesamte Areal führen verschiedene Rundwege, die genau beschriftet sind. Besonders die größeren Wege durch die Birk eignen sich zum Radfahren. Wichtig ist es hier allerdings, immer langsam zu fahren und auf die Fußgänger zu achten.

Bei einem Rundgang durch die Geltinger Birk gibt es viel zu entdecken. Seltene Vogelarten, Pferde und Rinder, aber auch immer wieder wunderschöne Pflanzen und Bäume. Das Areal ist mit seinen 773 Hektar das größte Naturschutzgebiet des Kreises Schleswig-Flensburg.

In der Geltinger Birk wird dem Besucher ein Stück Wildnis eröffnet, wie man es nur noch an wenigen Orten des Landes erleben kann. Auf den Wiesen, an den Sümpfen und am Wasser können Besucher bei ihrem Rundgang seltene Vögel beobachten. Rund 200 verschiedene Arten sind es im Laufe eines Jahres, mittlerweile wird auch wieder fast täglich der Seeadler gesichtet. Dazu kommen andere Arten wie Reiher, Enten und Watvögel.

Die Koniks, eine Wildpferderasse aus unzugänglichen Sumpfgebieten in Ostpolen, sind auf der Geltinger Birk seit einiger Zeit zu Hause. Sie wurden hier angesiedelt, um die Weiden abzugrasen. Im Jahr 2002 wurden elf Koniks in der Geltinger Birk freigelassen. Heute leben hier etwa 50 der wilden Tiere, wer Glück hat, bekommt sie bei einem Spaziergang zu sehen.

Eine besonderer Ort in der Nähe von Gelting ist das Reetdorf Geltinger Birk. Das zehn Hektar große Areal, das von Marion und Norbert Essing entworfen und vorwiegend mit Naturbaustoffen aus der Region erbaut wurde, befindet sich am Rande des kleinen Dorfes Nieby. 48 luxuriöse Reethäuser können von Urlaubern gemietet werden, viele Gebäude haben Meerblick.

Das Innere der St. Katharinen-Kirche von Gelting ist wunderschön, hell, freundlich und einladend. Hier finden sich Elemente aus der Gotik, der Renaissance und aus dem Barock wieder. Durch ihre kostbare Ausstattung in dem einheitlich hell gestalteten klassizistischen Innenraum ist das Erscheinungsbild der Kirche einmalig.

Die St. Katharinen-Kirche in Gelting ist ein denkmalgeschütztes Gotteshaus. Sie wurde um 1300 von den Besitzern des Guts Gelting erbaut. Ihr heutiges Äußeres verdankt die Kirche allerdings Christian Friedrich Rudolf von Geltingen, der sie zu einer klassizistischen Saalkirche umbauen ließ.

Das Gut Gelting wird wegen seines Äußeren auch häufig als Schloss Gelting bezeichnet. Die dreiflüglige Anlage mit Ehrenhof ist von einer Graben- und Wallanlage und vier Bastionen umgeben. Seit 1231 befand sich das Anwesen im Besitz des dänischen Königs. Heute gehört es der Familie Hobe-Gelting und kann nicht besichtigt werden.

Gleich neben dem Hafen von Wackerballig kann man bei viel Wind Kite-Surfer beobachten. Die Geltinger Bucht ist ideal: Es gibt ausreichend Wind, aber wenig Wellen. Auch Windsurfer treffen sich oft an diesem Ort, gleich nebenan ist eine Surfschule. Der als Inselhafen gebaute Yachthafen mit 230 Liegeplätzen ist ein guter Ausgangspunkt für Segeltörns in die Dänische Südsee.

Norgaardholz hat einen kleinen Naturstrand. Die Aussicht auf die Ostsee ist wunderschön, man kann bei guter Sicht sogar die dänische Küste gleich gegenüber erkennen. Hier gibt es eine Seebadeanstalt mit einer Badebrücke. Im Sommer überwachen die Rettungsschwimmer von der DLRG den etwa 250 Meter langen und 30 bis 50 Meter breiten Sandstrand. Zudem kann man den Leuchtturm Kalkgrund sehen, der in der Flensburger Förde auf der Nordspitze der Untiefe Kalkgrund steht.

Die Windmühle Fortuna steht im Landschaftsmuseum Unewatt. Sie wurde 1878 erbaut, ist inzwischen vollständig restauriert und dient als technisches Denkmal in Unewatt. Noch immer kann hier Korn gemahlen werden, auch um den Besuchern zu zeigen, wie früher gearbeitet wurde. Von April bis Oktober kann man sich in der Mühle sogar trauen lassen.

In einem der alten Häuser in Unewatt betreiben Jennifer und Hendrik Kleist das Restaurant Unewatt by Hendrik. Hier wird feinheimisch gekocht, das heisst, 60 Prozent der Speisen müssen aus Schleswig-Holstein kommen. Außerdem verpflichten sich die Gastronomen bei diesem Siegel, nachhaltig zu wirtschaften.

Das Tal der Langballigau ist ein 124 Hektar großes Naturschutzgebiet an der Flensburger Förde. Hier mündet die Langballigau in die Ostsee. In dem Naturschutzgebiet leben Vögel wie die Gebirgsstelze und der Eisvogel. Aber auch Libellen, Heuschrecken oder verschiedene Schmetterlingsarten sind hier zu finden.

Der Landarzt ging, die Touristen kamen

WIE KAPPELN ZUR HEIMLICHEN HAUPTSTADT DER REGION WURDE

„Moin, moin", ruft eine freundliche Stimme durch die Sprechanlage. „Kommen Sie rein." Wenig später erscheint hinter der Tür ein großer, kräftiger Mann und heißt den Besucher hoch über der Schlei willkommen. Bernd-Uwe Hansen ist einer der Wärter der Schleibrücke in Kappeln. Er sorgt dafür, dass einmal pro Stunde, immer genau um Viertel vor, sich die vier gigantischen Klappen heben, auf denen eben noch die Autos über die Schlei gefahren sind, um jetzt die Schiffe unten auf dem Wasser passieren zu lassen. „1500 Tonnen werden jedes Mal bewegt", sagt Hansen.

Seit mehr als 30 Jahren arbeitet er an der Stelle Kappelns, die für die einen ein Nadelöhr und für die anderen eine Attraktion ist. Für Touristen gilt: Wer nicht wenigstens einmal das Schauspiel um Viertel vor miterlebt hat, ist nicht in Kappeln gewesen. Bernd-Uwe Hansen hat noch die alte Drehbrücke bedient, die bis 2002 direkt nebenan stand, aber irgendwann zu störungsanfällig wurde und zu klein. „Heute fahren hier am Tag weit mehr als 20.000 Autos entlang. Das wäre mit dem Vorgängermodell gar nicht möglich gewesen", sagt der Mann, der sich jedes Mal, wenn er auf den Knopf drückt und sich kurz danach der Boden über der Schlei auftut, vergewissern muss, dass wirklich kein Auto, kein Mensch und kein Tier mehr auf der Brücke ist. „An den Schranken waren schon Räder angeschlossen. Oder verträumte Touristen waren so mit Fotografieren beschäftigt, dass sie alle Signale übersehen haben."

Direkt unter seinem Arbeitsplatz, vermutlich einem der schönsten der Stadt, erstreckt sich auch eine der großen Besonderheiten Kappelns, der Heringszaun. Er ist in Deutschland und mittlerweile auch in Europa einzigartig. Der Zaun besteht aus 2000 in den Boden der Schlei gerammten Pfählen in Form eines W, seine Ursprünge gehen bis ins 15. Jahrhundert zurück. Damals gab es fast 40 dieser Zäune in der Schlei. Der Zweck: Heringe schwimmen den immer enger werdenden Zaun entlang, so dass sie am Ende nicht mehr ausweichen können und abgefischt werden. Heute wird übrigens einmal im Jahr ein Fest zu Ehren dieses Zauns abgehalten, die Heringstage.

Kappeln wurde als Ort 1357 erstmals erwähnt. Eine Kapelle soll das erste Gebäude gewesen sein, dort wo die heutige St. Nikolai-Kirche steht. Erbaut haben sie Seefahrer, von denen es heißt, sie seien dankbar gewesen, auf ihrem Weg nach Haithabu einen sicheren Ort gefunden zu haben. Vermutlich geht darauf auch der Name zurück, Capellen, das später zu Kappeln wurde. Der Ort ist seitdem nicht nur eine wichtige Hafenstadt, sondern auch Brücke zwischen den Landschaften Angeln im Norden und Schwansen im Süden. Segelschiffe brachen von hier viele Jahrhunderte in Richtung Ostsee auf. Erst 1845 wurde der erste Dampfer für den Liniendienst zwischen Kappeln und Schleswig eingesetzt. Wenig später, 1867, wurde die erste Brücke in Kappeln gebaut, die Angeln und Schwansen miteinander verband. 1870 erhielt Kappeln das Stadtrecht.

Heute ist Kappeln, das lange zu den am meisten unterschätzten Orten an der Ostsee gehörte, so etwas wie die heimliche Hauptstadt der Schlei. Von hier starten die Ausflugsschiffe ihre Touren schleiauf- und schleiabwärts, es sind nur wenige Seemeilen in Richtung Ostsee. Bis 2006 war Kappeln eine eher langweilige Garnisonsstadt, in Olpenitz war eine Marineeinheit stationiert. Die meisten Menschen kannten den Ort, wenn überhaupt, aus der ZDF-Vorabendserie „Der Landarzt".

Wer hierher kam, wollte sehen, wo die gedreht wurde, bis heute gibt es die Landarzt-Kneipe im Aurora Hotel. Die ist aber mehr eine Erinnerung an eine Zeit, die mit jedem Jahr mehr verblasst. Das liegt vor allem an großen Bauprojekten wie Olpenitz und den Schleiterrassen, wo die Marine ab- und die Touristen oder Ferienhausbewohner eingerückt sind. Seit Jahren wurde und wird hier gewaltig investiert. Wer in Kappeln Urlaub macht, lebt immer häufiger in modernen Wohnungen oder Häusern, die nicht selten direkt am Wasser liegen. In Olpenitz werden inzwischen Immobilien zu Preisen angeboten, die man sonst nur von Sylt kannte, auf den Schleiterrassen entsteht ein Reetdorf nach Vorbild St. Peter-Ordings.

Kappeln hat gut 8500 Einwohner und rund 7000 Gästebetten, im Sommer gehört sie also halb den Einheimischen und halb den Touristen, eine Mischung, die meistens gut funktioniert. Damit das so bleibt, hat Kappeln beschlossen, dass in Neubaugebieten künftig keine Ferienwohnungen mehr gebaut werden dürfen. In einem weiteren Schritt soll die Umwidmung von Wohnhäusern in Ferienunterkünfte verboten werden. So will man verhindern, dass der Tourismus überhandnimmt. Schon jetzt gibt es in den Sommerferien Beschwerden über fehlende Parkplätze, wer im Juli oder August am Hafen abends essen gehen will, muss rechtzeitig reservieren. Das gastronomische Angebot konnte mit dem rasanten Wachstum der Touristenzahlen nicht mithalten, aber es holt auf: Am Hafen gibt es inzwischen auch die ersten, stylischen Hotels, zum Beispiel den Pierspeicher, betrieben vom Kappelner Bo Teichmann.

Überhaupt hat die Innenstadt in den vergangenen Jahren mit vielen kleinen, feinen Läden an Attraktivität gewonnen; ein Bummel durch die geschwungenen Straßen lohnt nicht nur, weil man immer schnell am Wasser ist. Die St. Nikolai-Kirche gehört nach wie vor zu den Sehenswürdigkeiten Kappelns, von hier hat man einen wunderschönen Blick über die Schlei bis nach Schleimünde und kann direkt zum Hafen runtergehen. Dort ist die Angelner Dampfeisenbahn, die direkt am Hafen vor der Klappbrücke endet. Im Sommer kann man damit kleine Touren machen, ansonsten ist Kappeln mit der Bahn nicht zu erreichen. Die nächste Station liegt in Süderbrarup, von dort muss man mit Bussen weiter.

Aber am schönsten ist es in Kappeln, einfach am Wasser entlang zu schlendern. Hier kann man die vorbeifahrenden Schiffe beobachten und ihren Skippern zuwinken, Anglern zusehen oder das schöne Ufer der Schlei bewundern. Unweit des Wassers gibt es eine weitere Institution, deren drei Schornsteine weithin zu sehen sind: Die Aal- und Fischräucherei Föh. Nicht umsonst heißt es: „Sag Kappeln nie Adieu, ohne einen Aal von Föh." Seit 1911 hat das Familienunternehmen hier seinen Sitz und viel mehr als nur Aal zu bieten. Probieren Sie es doch einfach mal aus…

Und wo wir gerade beim Fisch sind: Wer bei einem dieser Spaziergänge einen Blick auf den Boden wirft, wird dort auch viele kleine Heringe aus Messing entdecken, die natürlich Bezug nehmen auf den anfangs erwähnten Heringszaun und die lange Tradition Kappelns, den Fisch zu fangen. Die Idee zu den Messingheringen hatte der lokale Rotary-Club. Bürger und Gäste konnten einen solchen Fisch erwerben und mit ihrem Namen gravieren lassen. Für die einen war es ein Geburtstagsgeschenk, für die anderen eine Erinnerung an die Hochzeit oder die Ferien. Eingelassen in den Straßenbelag der Innenstadt erzählen sie so verschiedene Geschichten aus den vergangenen 20 Jahren, von Menschen, die hier aufgewachsen sind, und von solchen, die immer wieder kommen, um Urlaub zu machen.

Kappeln hat sich still und heimlich zur Hauptstadt an der Schlei entwickelt. Der kleine Ort hat gut 8500 Einwohner und ist im Sommer ein beliebtes Urlaubs- und Ausflugsziel. Besonders malerisch ist es, wenn drum herum die Rapsfelder blühen und sich das Gelb von dem Blau des Himmels und der Schlei deutlich abhebt.

Der Blick von der Brücke auf die Stadt Kappeln ist besonders schön. Von hier aus hat man den Eindruck, den gesamten Ort vor sich zu sehen, was gewissermaßen auch stimmt. Ein Stück weiter die Schlei entlang, hinter der Kurve, liegt der kleine Fischerort Maasholm.

In diesem kleinen Haus mitten auf dem Wasser arbeitet der Brückenwärter von Kappeln. Er hat vermutlich einen der schönsten Arbeitsplätze der Stadt, aber auch eine verantwortungsvolle Aufgabe. Er sorgt dafür, dass der Verkehr auf der Brücke reibungslos verläuft, dass die Brücke technisch in Ordnung ist. Und er muss sich, bevor er die Brücke öffnet, noch einmal genau vergewissern, dass sich wirklich kein Mensch, Auto oder Tier vorn an der Kante befindet.

Die zweiflüglige Doppelklappbrücke wurde von 2000 bis 2002 gebaut. Ein Mal in der Stunde, immer um Viertel vor, müssen Autos, Radfahrer und Fußgänger warten. Dann öffnet sich die Brücke und lässt die Schiffe passieren. 1500 Tonnen werden hierbei jedes Mal bewegt.

Kappeln, lokaler Handelsplatz und jahrhundertelang ein Fischerdorf, konnte sich mühsam der von den Herren des nahegelegenen Guts Roest beanspruchten Leibeigenschaft erwehren. Schon allein wegen seiner barocken Kirche (Bildmitte) und der malerischen Holländermühle ist Kappeln sehenswert. Besonders schön sind die Sonnenaufgänge über der Schlei. Dann liegen die Ausflugsschiffe meist an der Pier und man kann wunderbar entlang des Ostsee-Seitenarms spazieren. Unten am Wasser gibt es zudem jede Menge Restaurants.

Für diese Holzstäbe ist Kappeln weithin bekannt, ein eigenes Stadtfest gibt es für sie. Die Rede ist vom Heringszaun. Er ist in Deutschland und mittlerweile auch in Europa einzigartig. Der Zaun besteht aus 2000 in den Boden der Schlei gerammten Pfählen in Form eines W, seine Ursprünge gehen bis ins 15. Jahrhundert zurück. Erst vor kurzem wurde der Heringszaun aufwendig erneuert. Früher gab es rund 40 dieser verschlungenen Pfahlreihen an der Schlei, die die riesigen Heringsschwärme auf dem Weg zu ihren Laichgründen abfingen.

Seit über hundert Jahren hat die Aal- und Fischräucherei Föh ihren Sitz in Kappeln, die drei charakteristischen Schornsteine sind weithin zu sehen. Noch immer wird der Fisch in den traditionellen Altonaer Öfen mit Buchenholz und Erlenspänen geräuchert – und anschließend frisch im eigenen Ladengeschäft verkauft.

Das Innere der St. Nikolai-Kirche von Kappeln ist wunderschön. Zwischen 1789 und 1793 wurde die heutige Kirche im Stil des Spätbarocks erbaut. Sie steht auf einer Anhöhe und ist von weithin zu sehen. Von hier oben hat man außerdem einen grandiosen Blick über die Schlei.

32 Meter ragt die größte Windmühle Schleswig-Holsteins in Kappeln in die Höhe. Auch deshalb gilt sie als das dritte Wahrzeichen der Stadt, neben den Schornsteinen der Aalräucherei Föh und der Klappbrücke. Die erste Mühle brannte im 17. Jahrhundert aus. 1888 wurde sie neu errichtet. Seit 1977 befindet sich die Mühle im städtischen Besitz und steht unter Denkmalschutz. 1990 erhielt sie den Status eines Kulturdenkmals.

Den Duft der großen, weiten Weltmeere kann man im Museumshafen von Kappeln schnuppern. Hier liegen viele alte prachtvolle Schiffe, die ältesten von ihnen sind über 100 Jahre alt. Seit 1981 zieht der Hafen mit den großen und kleinen historischen Schiffen täglich Besucher an.

Der kleine Museumshafen ist ein Zeugnis der Seefahrergeschichte. Viele dieser wunderbaren alten Schiffe wären längst vergessen, verrottet und verschrottet, wenn nicht engagierte Männer und Frauen sie in zumeist mühevoller und jahrelanger Arbeit wieder restauriert hätten. Die Schiffe, die hier liegen, sind in der Regel übrigens alle fahrtüchtig.

Diese zauberhaften kleinen Reethäuser liegen in Rabelsund, direkt an der Schlei. Bis Kappeln ist es von hier nicht mehr weit. Die alten Häuser gehören zum Gut Buckhagen. Viele Legenden ranken sich um sie. Unter anderem soll der US-amerikanische Sänger und Entertainer Frank Sinatra hier abgestiegen sein. Doch die Geschichte der Häuser ist viel unspektakulärer als gedacht. Hier lebten schlicht und ergreifend früher die Angestellten des Guts, eines der Gebäude soll eine Kneipe beherbergt haben. Heute haben verschiedene Familien aus Hamburg die Häuschen gemietet, sie dienen als Ferienunterkünfte.

654

Die Angelner Dampfeisenbahn ist eine Institution entlang der Schlei. Seine Heimat hat der Zug in Kappeln. Die Museumsbahn verkehrt noch regelmäßig zwischen Süderbrarup und Kappeln. Für die rund 15 Kilometer lange Strecke benötigt sie etwa 45 Minuten. Bis 2020 gehörte Dampflok F 654 „Julchen" (Foto), eine 1949 gebaute Tenderlokomotive, zum Fuhrpark. Ursprünglich wurde sie von der Dänischen Staatsbahn genutzt, heute befindet sie sich im Kulturlokschuppen Neumünster. Ihre Höchstgeschwindigkeit beträgt 50 km/h.

Entlang der Schlei gibt es hervorragend restaurierte Häuser zu entdecken, viele von ihnen unter Reet. Gerade fern der großen Straßen lassen sich Schmuckstücke wie dieses immer wieder bestaunen.

Gut Roest ist quasi die Keimzelle Kappelns. Der älteste Teil des wunderschönen Areals stammt aus dem Jahr 1590. Viele Jahre lang wurde die Stadt Kappeln eigentlich von Gut Roest aus regiert, hier lag die Gerichtsbarkeit der Gegend. Im Keller des alten Herrenhauses gab es sogar ein Gefängnis. Seit einigen Jahren gehört das große Areal Marion und Norbert Essing. Sie haben die Gebäude aufwendig saniert. Marion Essing betreibt auf dem Gut heute eine erfolgreiche Trakehnerzucht.

Der Anfang oder das Ende der Schlei

VON MAASHOLM BIS NACH SCHLEIMÜNDE

Wenn man großes Glück hat, steht man in der Schlange vor nur einer Handvoll Menschen. Normalerweise muss man mit langen Wartezeiten rechnen, wenn man sich an dem so beliebten Imbiss an der Schlei das holen will, was sich hier alle holen. Nein, keine Fischbrötchen, obwohl es die natürlich auch gibt, sondern eine Currywurst mit einer gelben (!) Curry-Spezialsoße. Nur dafür kämen die Gäste von weit her, erzählen die Bedienungen den wenigen, die auf die verrückte Idee kommen, die Currywurst mit herkömmlichem Ketchup zu nehmen. Die Imbissbude am Hafen von Maasholm gehört Udo Petersen, genauso wie die Räucherei und die beiden Fischläden des Dorfs. Wer Glück hat, wird vom Chef persönlich bedient. Man erkennt ihn an dem Aufdruck auf dem Poloshirt, das hier alle Mitarbeiter tragen. Während bei den anderen Mitarbeitern am Revers schlicht „Petersen" steht, heißt es beim Chef: „Petersen himself". Bundesweit bekannt wurde Petersen himself durch Tim Mälzer. Dessen Team hatte seine Fischräucherei für eine der Folgen von „Kitchen Impossible" ausgewählt.

Der Besuch von Maasholm würde sich allein deshalb lohnen, die großen Sehenswürdigkeiten sind aber andere. Der Hafen, mit 450 Plätzen einer der größten in Schleswig-Holstein, gehört genauso dazu wie die engen Straßen und die pittoresken Häuser. Wer vom Hafen an der Schlei entlang in Richtung Wormshöfter Noor spaziert, geht nicht nur an der Petrikirche vorbei, aus der man direkt hinaus an die Schlei tritt und wo man sich mit Schleiwasser taufen lassen kann. Entlang des Weges sieht man auch die wahrscheinlich schönsten kleinen Schiffsliegeplätze, Kahnstellen, die es in der Region gibt. Früher lagen hier die kleinen Boote der Fischer, die Nachen. Mittlerweile stehen sie unter Denkmalschutz und wurden vor nicht allzu langer Zeit genau deshalb aufwendig restauriert.

Maasholm ist eigentlich eine Insel, lange lag der kleine Ort mitten in der Schlei. Erst 1770 wurde im Norden des Dorfes, bei Gut Oehe, ein Deich gebaut, schließlich ein Damm aufgeschüttet und so zum einen Land gewonnen und zum anderen ein Landzugang für das Fischerdorf geschaffen. Bis heute ist Maasholm die letzte Chance, um mit einem Schiff wie der *Stadt Kappeln* oder der *Nordlicht* nach Schleimünde zu kommen.

Das wiederum ist einer der schönsten Orte der ganzen Gegend, der zu einem echten Schleibesuch unbedingt dazu gehört. Die Halbinsel Schleimünde liegt am Ende der Schlei – oder am Anfang, je nachdem, wie man es betrachtet. Sie ist nur per Schiff zu erreichen, entweder auf einem der Schleidampfer oder mit dem eigenen Boot. Dort, wo Schlei und Ostsee ineinander übergehen und der charakteristische grün-weiße, 14 Meter hohe Leuchtturm aufragt, stehen nur wenige Boxen Seglern und Motorbootfahrern zur Verfügung. Es gibt weder Frischwasser an den Stegen noch richtig ausgebaute Sanitäranlagen. Doch der romantische Ort ist zumindest im Sommer eine der Hauptattraktionen für Wassersportler in der Region.

Nicht selten blockieren dicht nebeneinanderliegende Boote sogar die kleine Hafeneinfahrt. Nur wer früh kommt, hat im Sommer überhaupt eine Chance auf einen der wenigen Liegeplätze. Aber das scheint hier niemanden zu stören. Zu romantisch ist die Stimmung. „Wie im letzten Jahrhundert“, sagt ein älterer Herr, als er an Land geht. Und hat damit recht. Ein paar Bänke, ein Holzschiff zum Klettern, viel mehr gibt es hier nicht. Vorn am Wasser einen Kiosk. Die kleine Gastwirtschaft Giftbude wiederum, die viele Jahre lang für Wassersportler Kultstatus hatte, wurde bei der schweren Sturmflut im Herbst 2023 stark beschädigt – wie übrigens die ganze Halbinsel. Bisher gibt es keine Pläne, den kleinen Laden wieder zu renovieren und zu eröffnen, die Kosten sind zu hoch. Der Kiosk und der Hafen werden seit dem Sommer 2025 von dem Förderverein Naturnaher Wasserwanderplatz Schleimünde e.V. betrieben. Der hat den Kiosk umgebaut, sodass es nun hier sogar Kleinigkeiten zu essen und zu trinken gibt. Das Ziel: Den Hafen weiterhin für alle Wassersportler attraktiv halten. Der Förderverein will perspektivisch das Angebot auf der kleinen Halbinsel weiter ausbauen.

Gepachtet hat der Förderverein Naturnaher Wasserwanderplatz Schleimünde e.V. die Läden von der Lighthouse Foundation. Der gehört seit 2008 bis auf den Hafen die gesamte Halbinsel mit ihren 112 Hektar. Stück für Stück hat die gemeinnützige Stiftung, die auf Nachhaltigkeit Wert legt, ihren Sitz in Hamburg hat und weltweit Projekte unterstützt, seitdem die Gebäude saniert, unter anderem das alte Lotsenhaus.

Die Lage ist es, die die kleine Halbinsel so einmalig macht. Sie ist es aber auch, die sie zunehmend gefährdet. Der steigende Wasserspiegel und Sturmfluten wie die im Herbst 2023 machen dem schmalen Landstrich am Eingang der Schlei zu schaffen. Immer wieder wird er überspült, stetig wird Land abgetragen. Bei der letzten großen Sturmflut wurden sogar einige der charakteristischen Bäume auf dem Landstrich, nach dem sich viele Segler bei der Ansteuerung orientieren, gefällt. Und so versucht eine Bürgerinitiative mit dem Namen „Schleimünde retten“ bereits seit Jahren zu erreichen, dass die Halbinsel besser geschützt wird, bisher ohne Erfolg. Die Bürger sorgen sich, dass Schleimünde eines Tages seine Schutzfunktion für die dahinter liegenden Ortschaften nicht mehr erfüllen kann. Bei großen Sturmfluten könnten dann tiefer liegende Orte wie Olpenitzdorf, Maasholm oder Arnis von Hochwassern getroffen werden. Die Forderung der Initiative: Es müsse regelmäßig Sand vor die Halbinsel gespült werden, um sie zu retten.

Das Lotsenhaus ist das älteste Gebäude auf der Lotseninsel. 1873 wurde es gebaut und diente bis ins Jahr 1980 den Lotsen und ihren Familien als Unterkunft. Im Jahr 2012 wurde das Haus dann aufwendig saniert. Heute gibt es hier Schlaf- und Aufenthaltsräume.

Schleimünde ist einer der attraktivsten Orte entlang der Schlei, von denen es durchaus einige gibt. Die kleine Halbinsel kann nur über das Wasser erreicht werden. Der winzige Nothafen ist jeden Sommer ein beliebtes Ziel für Segler. Meist sind die wenigen Plätze schon gegen Mittag alle belegt.

Der Eingang zur Schlei ist im Herbst und Winter bei Stürmen mittlerweile oft überspült, weil die Halbinsel nur fünf Meter höher als der Meeresspiegel liegt. Der ständige Wechsel von Anlandung und Abtrag (bei Sturmfluten), von Dünenneu- und -rückbildung hat hier einen der wenigen noch intakten natürlichen Bereiche der deutschen Ostseeküste geschaffen. Daher ist der größte Teil der Halbinsel heute Naturschutzgebiet, das vom Verein Jordsand durch einen Vogelschutzwart betreut wird.

Der kleine Naturhafen auf Schleimünde ist romantisch und bei Wassersportlern sehr begehrt. Die Giftbude (rechts) wurde bei der Sturmflut im Herbst 2023 schwer beschädigt. Derzeit fehlt das Geld, sie wieder aufzubauen. Der kleine Kiosk (links) wird seit dem Sommer 2025 vom Förderverein Naturnaher Wasserwanderplatz Schleimünde e.V. betrieben.

Romantischer könnte es nicht sein. Campen am Strand der Lotseninsel ist auch deshalb so besonders, weil hier über Nacht immer nur die wenigen Menschen bleiben können, die mit einem Schiff, entweder auf eigenem Kiel oder mit einem der Schleidampfer, hierherkommen. Mit Sicherheit ist eine Nacht an diesem geschützten Ort etwas ganz Besonderes. Das Erleben der Dynamik der Ostseelandschaft ist nachhaltig. Mit viel Glück kann man sogar einen Schweinswal beobachten.

Der charakteristische grün-weiße Leuchtturm weist den Seefahrern seit 1871 den Weg in die Schlei. Der große Teil der Halbinsel, auf der der denkmalgeschützte Leuchtturm steht, ist heute Naturschutzgebiet.

Der kleine Fischerort Maasholm war lange Zeit eine Insel, die mitten in der Schlei lag. Erst 1770 wurde ein Damm gebaut, der das Dorf mit dem Festland verbunden hat. Gut 600 Einwohner hat Maasholm heute. In der Bildmitte oben ist Schleimünde mit der Lotseninsel und rechts das OstseeResort Olpenitz zu erkennen.

Kahnstellen nennen sich die kleinen Schiffsliegeplätze am Wormshöfter Noor. Hier lagen früher die kleinen Nachen, die Boote der Fischer. Heute stehen diese wunderschönen Liegeplätze unter Denkmalschutz und wurden vor nicht langer Zeit erst aufwendig restauriert.

Überall in Maasholm trifft man auf Symbole aus der Fischerei. Kein Wunder, schließlich ist der Ort im 17. Jahrhundert aus einer Fischersiedlung heraus entstanden. Noch heute spielt in dem kleinen Dorf an der Schlei der Fischfang eine große Rolle.

Der Yachthafen von Maasholm ist bei Wassersportlern beliebt. Rund 450 Liegeplätze gibt es hier. Im vorderen Teil liegen die Fischerboote. Für kleinere Boote gibt es eine Slipanlage, um sie direkt zu Wasser lassen zu können. An dem kleinen Eisladen und dem Imbiß bilden sich nicht nur bei gutem Wetter lange Schlangen.

Die Petrikirche von Maasholm ist ein ganz besonderer Ort. Sie steht quasi direkt am Wormshöfter Noor. Gebaut wurde sie erst 1952 und ist damit eine der ersten Kirchenneubauten nach dem Zweiten Weltkrieg in Schleswig-Holstein. Getauft wird hier auch gern mal direkt an der Schlei, natürlich mit frischem Schleiwasser.

Überall vor den Türen in Maasholm blüht es im Sommer üppig. Rosenstöcke stehen hier genauso wie Stockrosen in allen Farben, die so charakteristisch für die Gegend sind. Oder riesige Lavendelbüsche, die ihren Duft im ganzen Ort verströmen

In den kleinen Straßen von Maasholm gibt es unzählige hübsche Häuser, einige von ihnen mit Reet gedeckt. In den vergangenen Jahren wurden Stück für Stück viele von ihnen restauriert. Ein Rundgang lohnt sich. Es gibt so vieles zu entdecken an den Häusern, vor den Häusern – oder in den niedrigen Fenstern.

Das schönste Fährhaus und die kleinste Stadt Deutschlands

VON MISSUNDE ÜBER LINDAUNIS BIS ARNIS

Das Fährhaus Missunde gibt es seit mehr als 200 Jahren, es liegt an einer der engsten Stellen der Schlei und gehört zu den schönsten Orten in einer Region, in der es so viele schöne Dörfer, Städte und Flecken gibt. 2012 wurde es von dem Bremer Unternehmerpaar Birgit und Andreas Albert übernommen, seitdem ist viel passiert. Das Haus wurde umgebaut und modernisiert, im Nebengebäude gibt es vier Suiten für Übernachtungsgäste. Die großen Fensterfronten des Restaurants lassen einen unverstellten Blick auf den kleinen Hafen zu. Wer dort essen gehen will, sollte vorher allerdings einmal gucken, ob das Fährhaus gerade geöffnet ist. Denn in der Vergangenheit hatte es aus unterschiedlichen Gründen mehrere längere Schließzeiten gegeben. Der kleine Hafen direkt vor der Tür hat rund 100 Liegeplätze. Jahrelang war die Yacht von Weltumsegler Wilfried Erdmann, die „Kathena Nui", hier zuhause. Viele Segler machen auf ihrem Trip die Schlei hinauf (oder hinunter) vor dem Fährhaus Missunde fest. Nur wer früh einläuft oder sich vorher anmeldet, hat in der Hochsaison überhaupt die Chance auf einen der begehrten Liegeplätze.

Direkt neben dem Hafen verkehrt seit vielen Jahrzehnten die Fähre Missunde. Sie ist eine der wenigen Möglichkeiten, den gut 40 Kilometer langen Ostsee-Seitenarm zu queren. Sie wurde 2003 in Dienst gestellt und transportiert jährlich bis zu 120.000 Fahrzeuge, etwa 50.000 Fahrräder und unzählige Menschen. Doch damit sollte eigentlich schon längst Schluss sein. Eine neue elektrisch angetriebene, 34 Meter lange Fähre wurde bestellt und gebaut, die „Missunde III". Noch ist die neue Fähre allerdings nicht in den Dienst gestellt worden. Bei den Probefahrten wurde festgestellt, dass sie für den Betrieb auf der Schlei so nicht geeignet ist. Nun soll das Schiff aufwendig umgebaut werden. Wann genau sie ihren Dienst nun auf der Schlei antreten wird, ist noch nicht klar. Geplant ist es, dass sie Ende 2025 an die Schlei zurückkehren soll.

Nicht weit entfernt vom Fährhaus Missunde liegt das Haus, das die meisten Menschen noch vor wenigen Jahren mit der Schleiregion verbanden, weil sie es aus dem Fernsehen kannten. In Boren an der Schlei wurde unter anderem die ZDF-Vorabendserie „Der Landarzt“ gedreht, mit Christian Quadflieg, Walter Plathe und Wayne Carpendale. Das weiße herrschaftliche Gebäude, das in der Serie als Praxis dient und den Mittelpunkt der ganzen Erzählung bildet, ist heute für alle zugänglich. Hier befindet sich seit 2013 ein kleines Lokal, das Café Lindauhof. Nach wie vor kommen viele Gäste wegen der Erinnerung an die einst so beliebte Serie hierher. Nicht wenige bleiben direkt hinter der Eingangstür stehen und bewundern das Innere der schönen alten Villa. Andere beginnen sofort, die große Eingangshalle zu fotografieren. An den Wänden zeugen Bilder von den Zeiten, als das Haus vor allem Kulisse war. Von 1986 bis 2012 wurde hier gedreht. Das ZDF hatte zu dieser Zeit alle Räume im Erdgeschoss gemietet. Nachdem die Serie eingestellt wurde, haben sich die Besitzer überlegen müssen, was sie mit dem historischen Gebäude, dessen vorderer Bereich aus dem 15. Jahrhundert stammt und eigentlich einmal als Burg geplant war, geschehen soll, berichtet Inhaberin Sonja Karberg. Sie hat seit 2014 in sechster Generation die Verantwortung für das Areal und hatte die Idee mit dem eigenen Café. Seitdem werden hier Gäste bewirtet, viele von ihnen sind und bleiben „Landarzt“-Fans.

Nur ein kleines Stück weiter die Hauptstraße Richtung Süden entlang befindet sich eine weitere Querung der Schlei, die Brücke Lindaunis. Die historische Klappbrücke, die die beiden Halbinseln Angeln und Schwansen verbindet, ist wunderschön. Majestätisch hat sich über viele Jahre das riesige dunkelgraue Gestell jede Stunde einmal in die Höhe bewegt und war dann von weit her zu sehen. Auf der einen Seite führen Schienen hinüber, die andere Seite kann mit dem Auto befahren werden. Allerdings nur einspurig, weshalb nicht selten lange Staus an den Ampeln auf beiden Seiten entstehen.

Die Brücke ist in die Jahre gekommen, immer wieder musste sie in der Vergangenheit wochenlang für den Schiffsverkehr gesperrt werden, weil Reparaturen vorgenommen wurden. Weil das so ist, entsteht neben der legendären, 1924 gebauten Brücke eine neue. Die wird deutlich größer, bekommt einen eigenen Geh- und Radweg. Bei einer Zugdurchfahrt müssen künftig nur die Kfz-Fahrstreifen gesperrt werden, Fußgänger und Radfahrer können weiter die Brücke nutzen, für Autos gibt es zwei Fahrstreifen. Die neue Brücke wird direkt neben der alten errichtet. Aber so schön wie die alte wird sie mit Sicherheit nicht. Also: schnell noch einmal hin!

Die Schleiregion hat auch – und das wissen vermutlich die wenigsten – mindestens einen Superlativ zu bieten, nämlich die kleinste Stadt Deutschlands. Arnis heißt die und liegt direkt an der Schlei auf einer kleinen Halbinsel. Gerade einmal rund 260 Einwohner leben in dem kleinen Ort mit seinen Miniaturhäusern, von denen einige aus dem 17. Jahrhundert stammen. Sie sind mithin so alt wie die Stadt. Die Lange Straße, ein wirklich passender Name, führt vom einen Ende Arnis bis zum anderen. Die einzelnen Grundstücke daran sind schmal, dafür reichen sie bis an die Schlei.

Das Örtchen hat eine spannende Geschichte, denn gegründet wurde Arnis 1667 von 65 Familien aus Kappeln. Mit dem „Auszug aus Kappeln“ rebellierten sie gegen Detlef von Rumohr, der auf Gut Roest lebte und die Bürger Kappelns in die Leibeigenschaft zwingen wollte. Arnis wuchs schnell und hatte Mitte des 19. Jahrhunderts mehr als 1000 Einwohner. Diese Zeiten sind längst vorbei, dennoch erfreut sich der Ort mittlerweile wieder einer gewissen Beliebtheit bei jungen Familien. Die sind es auch, die dafür gesorgt haben, dass nicht zu viele der Traditionshäuser zu Ferienwohnungen geworden sind. Und das soll nach dem Wunsch der Arnisser auch so bleiben. Über die Landesgrenzen hinaus bekannt ist Arnis für seine Werften, und das seit Jahrhunderten. Bei seiner Größe von gerade einmal 0,45 Quadratkilometern hat der Ort noch heute vier von ihnen vorzuweisen, eine weitere ist in Grödersby direkt nebenan.

Am Ende von Arnis steht die historische Schifferkirche aus dem Jahr 1673. Der Innenraum ist mit nautischen Gegenständen und Mini-Segelschiffen dekoriert. Das und die weißen Bänke machen die Kirche so anders – und natürlich, man ahnt es, der Blick auf die sich vorbeischlängelnde Schlei, wenn man wieder herauskommt…

So romantisch kann es am Ufer der Schlei zugehen. Hier zieht der Nebel über den Ostsee-Seitenarm bei Missunde, dem Ort an dem man mit einer kleinen Fähre die Schlei überqueren kann.

So sieht die Fähre von Missunde aus der Vogelperspektive aus. Rechts liegt das Fährhaus von Missunde mit seiner Terrasse direkt an der Schlei und dem kleinen Hafen, in dem die Segler mit Bug oder Heck an Land anlegen können. Im Hintergrund der weite Blick über die Große Breite bis Schleswig.

Große Teile der Schlei sind noch heute unverbaut. Das ist es auch, was den Charme des Ostsee-Seitenarmes ausmacht. Weit wandert der Blick von der Missunder Enge die Schlei hinunter bis nach Arnis und Kappeln. 42 Kilometer ist der Ostsee-Seitenarm von Schleswig bis Schleimünde lang.

Die kleine Fähre in Missunde ist eine der wenigen Möglichkeiten, den Ostsee-Seitenarm zu queren. Die alte Fähre, die an einem Drahtseil über die Schlei gleitet, soll durch eine neue, elektrisch betriebene ersetzt werden. 34 Meter ist das neue Schiff lang und kann dann auch Reisebusse und landwirtschaftliche Fahrzeuge an Bord nehmen.

Die Region um Missunde eignet sich hervorragend, um eine Auszeit zu nehmen. Richtung Schleswig erstrecken sich auf beiden Seiten kleine Buchten und Seitenarme. Die meisten von ihnen sind unberührt.

Die Schleiregion ist auch ohne Wasser schön: Einsam liegt ein Gehöft bei Brodersby-Goltoft in der sanft hügeligen Landschaft. Brodersby wurde bereits 1268 erstmals erwähnt. Goltoft bedeutet Siedlungsplatz in unfruchtbarem Gelände, was man heute wahrlich nicht mehr behaupten kann.

Schon 1338 bekam das Gotteshaus in Ulsnis seinen Namen, den es bis heute trägt. Die St. Wilhadi Kirche wurde dem heiligen St. Wilhadus gewidmet, einem angelsächsischen Priester, der 787 der erste Bischof von Bremen wurde.

Die St. Wilhaldi Kirche in Ulsnis ist vermutlich das älteste Gotteshaus Angelns. Als die raumbeherrschende Orgel 1785 gebaut wurde, war die Kirche schon hunderte Jahre alt.

Der Naturcampingplatz Hellör im Morgennebel: Im Spätsommer und Herbst kann man immer wieder diesen malerisch aufsteigenden Nebel beobachten, der die Schlei so märchenhaft erscheinen lässt.

Ulsnis liegt umgeben von einer reichen Waldlandschaft in unmittelbarer Nähe der Schlei und am Gunnebyer Noor. Im Hintergrund ist klein seine Kirche zu sehen. Sie wurde auf einer Anhöhe erbaut, was sie weit sichtbar macht. Das schöne Gebäude, dessen Portal auf 1150 datiert wird, steht heute unter Denkmalschutz.

In der Gemeinde Boren steht das Haus, das viele Jahre lang die Hauptkulisse für die Vorabendserie „Der Landarzt“ war. Heute gibt es hier das Café Lindauhof. Immer wieder kommen Fans der Serie vorbei, um eine der selbstgemachten Torten zu essen und nebenbei ein wenig in die Zeiten einzutauchen, als hier noch der Schauspieler Christian Quadflieg und seine Kollegen ein und aus gingen.

Kleine Häfen, wie diesen in Boren, gibt es vielfach entlang der Schlei. Sie sind sehr beliebt und im Sommer meist schon um die Mittagszeit belegt. Eine Anmeldung beim Hafenmeister ist deshalb allen Wassersportlern unbedingt empfohlen.

Am idyllischsten ist es an der Schlei, wenn überall die Rapsfelder blühen. Das kräftige Gelb hebt sich dann vom blauen Himmel, der Ostsee und der Schlei ab. Auf den kleineren oder größeren Landstraßen durch diese gelben Felder zu fahren, ist ein unvergessliches Erlebnis.

Segeln auf der Schlei ist ein ganz besonderes Vergnügen. Zwar ist der Ostsee-Seitenarm schmal, Manöver müssen wohl überlegt sein und nicht selten kommt der Wind genau aus der falschen Richtung. Aber erstens ändert sich der Kurs hier auf der Schlei ständig. Und außerdem gibt es an der Küste immer etwas zu sehen. Idyllische Häuser, schöne Gärten, Mähdrescher oder andere landwirtschaftliche Geräte bei der Arbeit, spielende Kinder am Ufer oder Angler, die ihr Glück im Wasser stehend versuchen. Die Schlei ist schlicht ein ganz besonderes kleines Revier.

Strände hat die Schlei nicht so viele zu bieten, vor allem keine langen breiten Badestrände. Eher kleine Naturstrände, wie diesen hier bei Lindaunis. Sie sind allerdings nicht weniger schön, ganz im Gegenteil.

Der Ort Arnis ist in vielerlei Hinsicht besonders. Zum einen ist es die kleinste Stadt Deutschlands – mit gerade einmal knapp 300 Einwohnern. Zum anderen ist die Stadt von 65 Familien aus Kappeln gegründet worden. Sie verließen 1667 ihre Heimat aus Protest gegen die Leibeigenschaft und ließen sich auf der Halbinsel nieder.

Die schmalen Gassen von Arnis sind einen Besuch wert. Viele schmucke kleine Häuser stehen hier.

Die historische Schifferkirche von Arnis datiert aus dem Jahr 1673. Der Innenraum ist mit nautischen Gegenständen und Mini-Segelschiffen dekoriert. Das Schönste an der kleinen Kirche: Beinahe direkt vor der Tür fließt die Schlei entlang.

Arnis war viele Jahre lang für seine Werften bekannt. Nirgends gab es auf so einem kleinen Fleck so viele von ihnen. Heute sind es immerhin noch vier, eine davon in Grödersby gleich nebenan.

Wenn der Raps blüht, leuchten die Felder nicht nur sattgelb, es riecht auch wunderbar. Mittlerweile gibt es einige Imker, die Rapshonig direkt aus der Region fertigen.

Weitgehend unerschlossen bleibt die Innere Schlei für Autofahrende, wie dieser Seitenarm bei Pageroe. Nach dem Rad ist hier das Segelboot das beste Fortbewegungsmittel. Daneben sind auch viele kleine Boote unterwegs, die meisten von ihnen zum Angeln. Der Hering ist unter den Anglern ganz besonders begehrt.

Kappeln ist eine Stadt mit Geschichte: Erstmalig wurde der Ort 1357 erwähnt. Die wichtigste Einnahmequelle war der Fischfang, der die Menschen über Jahrhunderte ernährte. Bis heute ist der historische Heringszaun (im Vordergrund) der letzte seiner Art und als Heringsfangeinrichtung aus dem 15. Jahrhundert immer noch in Betrieb. Seit jeher war Kappeln nicht nur Hafenstadt, sondern auch Brücke zwischen den Landschaften Angeln im Norden und der Halbinsel Schwansen im Süden. Bis zur Mitte des 19. Jahrhunderts prägten Segelschiffe das Hafenbild. Im Jahr 1867 wurden die Pendlerfähren zwischen den beiden Ufern eingestellt und eine Pontonbrücke übernahm ihre Funktion. Diese wurde 1927 von einer Drehbrücke abgelöst, die wiederum 2002 durch die heutige Klappbrücke (Bildmitte) ersetzt wurde. Zahlreiche Ausflugsdampfer warten am zentral gelegenen Kappelner Hafen auf Gäste und nehmen diese mit auf eine schöne Tour entlang der Schleidörfer bis nach Schleswig oder an der Lotseninsel Schleimünde vorbei auf die Ostsee hinaus. Rechts die Hafenmeile mit den Restaurants und Speichern.

Schleswig ist voll großer Geschichte(n)

VON WIKINGERN UND MOORLEICHEN

Am Yachthafen von Schleswig, direkt an der Wasserkante, hat sich eine kleine Gruppe gebildet. Einige haben Eimer dabei, andere Tüten. Wieder andere stehen einfach nur da und schauen zu. Vor ihnen im Wasser liegt ein Boot, in ihm ein Mann mit Mütze und Fischerhose. Es ist Freitagvormittag und Jörn Ross verkauft seine Fische. „Soll ich gleich die Köpfe abschneiden?“, fragt er einen Kunden, dem er Schollen abgewogen hat. Dann geht es ruckzuck. Ein letztes Bad zur Reinigung in der Schlei, bevor die Fische in den mitgebrachten Eimer wandern und der nächste Kunde dran ist.

Jörn Ross ist in Schleswig mit seinen 25.000 Einwohnern eine Institution. Seit etwa 1700 fischt seine Familie in der Schlei und auf der Ostsee. Er selbst ist erster Ältermann der Holmer Fischzunft und hat in dieser Funktion schon wichtige Politiker mit an Bord genommen, um ihnen zu zeigen, wie sein Geschäft funktioniert. Das ist hart geworden: Früher verkaufte Ross mit seiner Familie an drei Tagen in der Woche Fisch direkt vom Boot, heute nur noch an einem. Der Grund: „Es gibt zu wenige Fische, die wir fangen können.“ Die Bestände hätten deutlich abgenommen, „es wird von Jahr zu Jahr schlimmer“. Die traurige Bilanz seiner letzten Ausfahrt: eine zwei Kilogramm schwere Brasse und zwei Heringe. „Mehr nicht.“

Dabei begeben sich Ross und sein Sohn Nils nicht nur von Schleswig aus auf die Suche nach Fischen. Auch in Kappeln haben sie ein Boot. Dazu kommt ein elf Meter langer Kutter in Maasholm, mit dem es auf die Ostsee hinausgeht. Bis vor Kurzem war auch Sohn Christian mit im Betrieb, inzwischen hat er aufgegeben und sich einen neuen Job gesucht. „Wir müssen unsere Gürtel im Moment ganz eng schnallen. Unser Einkommen reicht kaum zum Überleben“, sagt Jörn Ross und zeigt den Beifang der Nacht. Drei zerbeulte Bierdosen, einige undefinierbare Plastik- und Metallteile und ein Regenschirm. Das gab es früher nicht, als Schleswig für seine Fischer bekannt war, besonders der Stadtteil Holm. Bereits im Mittelalter lebten hier Fischer, um 1900 gab es rund 120 von ihnen.

Dieser Teil der Schleswiger Geschichte scheint langsam an sein Ende zu gelangen, ein anderer steht unter Schutz: Das Wikingermuseum Haithabu wurde 2018 zusammen mit dem Museum Danevirke zum Unesco-Welterbe ernannt. Haithabu war eine Siedlung der Wikinger, die etwa um 800 am Haddebyer Noor entstanden sein soll. Der Ort war Hauptumschlagplatz für den Fernhandel nach Skandinavien, Westeuropa, in den Nordseeraum und das Baltikum. Heute bekommen Besucher in der nachgebauten Siedlung mit ihren sieben Häusern und einem Landungssteg einen Einblick in das Leben der Wikinger. Man kann das Haus des Kammmachers, des Tuchhändlers, des Schuhmachers oder eine Herberge besichtigen. In den alten Öfen brennt echtes Feuer, manchmal sitzen als Wikinger verkleidete Mitarbeiter in den Häusern und zeigen den Gästen, was und wie die Menschen früher gearbeitet haben. Und wenn es in den Häusern zu rauchig oder eng wird, sind es wenige Schritte bis zum Noor, wo früher der Hafen der Wikinger war.

Das Danevirke Museum liegt nicht weit entfernt, hier entsteht gerade ein Museumsbau, in dem die Geschichte des Danewerks erzählt werden soll. Denn das insgesamt rund 30 km lange Danewerk ist bis heute die größte Befestigungsanlage Nordeuropas. Kernstück des Areals ist ein Grenzwall, der vermutlich im fünften Jahrhundert vom Stamm der „Danen“ erbaut wurde und die Südgrenze ihres Territoriums markieren sollte. Die Anlage wurde über einen Zeitraum von unglaublichen 1600 Jahren immer wieder umgebaut und erweitert. In der Wikingerzeit diente das Danewerk dazu, die Handelswege nach Haithabu zu sichern, der nordeuropäischen Handelsmetropole, die nur unweit der Befestigungsanlage entstanden war. Bis heute hat es vor allem in Dänemark eine große historische Bedeutung. Für die Dänen ist es in etwa so wichtig wie für die Deutschen das Brandenburger Tor oder das Hermannsdenkmal bei Detmold.

Von Wikingern zu Moorleichen – in Schleswig ist das kein weiter Weg. Die rund 2500 Jahre alten, konservierten Leichen, die im Schloss Gottorf ausgestellt werden, sind ein eindrucksvoller Einblick in Schleswig-Holsteins Ur- und Frühgeschichte. So manchem Besucher bleiben sie lange im Gedächtnis, unvorstellbar ist es, dass diese Körper so viele Jahrhunderte in der Erde überdauert haben sollen. Besonders einprägsam ist das sogenannte Kind von Windeby. Verschiedene DNA-Analysen und anthropologische Bestimmungen haben zu der Erkenntnis geführt, dass das „Kind“ bei seinem Tod etwa 15 oder 16 Jahre alt gewesen sein muss, unter Mangelernährung litt und vermutlich an einer schweren Zahnerkrankung starb. Sehenswert ist auch das Nydamboot, ein vermutlich rund 1500 Jahre altes Schiff, das 1859 von einem in Flensburg lebenden Lehrer und Archäologen im Nydamer Moor am Alsensund nördlich von Sonderburg entdeckt und mühsam ausgegraben wurde. Seit 1947 steht das ostseetaugliche Ruderboot, das für etwa 45 Krieger um 320 nach Christus gebaut wurde, in Schloss Gottorf.

Das größte Schloss Schleswig-Holsteins ist nicht nur deshalb einen Besuch wert. Das von Wasser umgebene Gebäude ist weithin sichtbar, sah aber nicht immer so aus wie heute: In den 800 Jahren seines Bestehens wurde es mehrmals umgebaut und wandelte sich so von einer mittelalterlichen Burg über eine Renaissancefestung zu einem Barockschloss. Schloss Gottorf war namensgebend für das herzogliche Haus Schleswig-Holstein-Gottorf. Aus diesem Geschlecht gingen unter anderem vier schwedische Könige und mehrere russische Zaren hervor. Lange Zeit war das Schloss im Besitz des dänischen Königshauses, später diente es als Sitz des dänischen Statthalters in Schleswig und wurde als Kaserne benutzt. Nach dem Ende des Zweiten Weltkriegs wurde es schließlich zu einem Museum.

Auch der Schlossgarten ist sehenswert. Das liegt zum einen am Gottorfer Globus, der im Globushaus inmitten des Gartens steht. Diese rund drei Meter hohe Kugel ist die Rekonstruktion des Gottorfer Globus von 1650, den

Herzog Friedrich III. von Schleswig-Holstein-Gottorf (1597–1659) in Auftrag gegeben hatte. Die Kugel zeigte von außen die Erde, im Inneren war es das vermutlich erste Planetarium der Welt. Auch heute noch kann man im Inneren auf astronomische Entdeckungsreise gehen.

Den Garten um den Globus herum ließ ebenfalls Friedrich III. anlegen, er wurde als das „neue Werk" bezeichnet. Der Barockgarten war der erste Terrassengarten nach italienischer Art in ganz Mitteleuropa. Er bestand zunächst nur aus dem Herkulesteich, in dessen Mitte ein Pavillon stand. Friedrich III. ließ in seinem Garten viele im 17. Jahrhundert noch exotische Pflanzen zeigen. Der Schlossgarten wurde in den darauffolgenden Jahrhunderten erst weiter ausgebaut, dann aber vernachlässigt. Teilweise wurden die Terrassen sogar mit Erde aufgeschüttet, der Garten diente als Reitplatz. Erst 2005 wurde der Schlossgarten nach historischen Plänen und Beschreibungen wiederhergestellt.

Bekannt ist Schleswig auch für seinen fast 900 Jahre alten Dom, dessen Glockenturm man schon von weitem sehen kann. Besonders beindruckend ist der Dreikönigsaltar, auch Bordesholmer Altar genannt, aus dem Jahr 1300 mit seinen 392 großen Figuren, die die biblische Passionsgeschichte erzählen, von der Gefangenname Jesus bis Pfingsten.

So kann man in Schleswig auf aufregende Weise durch die Jahrhunderte europäischer Geschichte reisen, so viele historische Stätten in einem so kleinen Radius sind selten. Und wenn man richtig Glück hat, trifft man vor oder nach einem Tag in den Museen Jörn Ross am Hafen und er hat doch mal wieder richtig was gefangen… Eimer nicht vergessen!

NEUSTADT
KAPPELN
ASC

Blick vom südlichen Ufer der Schlei über den Segelboothafen auf den Dom St. Petri zu Schleswig, der schon aus der Ferne zu sehen und eines der Wahrzeichen der Stadt ist. Rund 900 Jahre ist diese Bischofskirche alt. Allerdings basiert ihre erste Erwähnung auf einer grausamen Geschichte: 1134 erschlugen die Bürger Schleswigs den dänischen König in seinem Schloss, nachdem er es abgelehnt hatte, in St. Petri Zuflucht zu suchen. Bedeutendstes Kunstwerk heute sind die großen Figuren am sogenannten Bordesholmer Altar, die die biblische Passionsgeschichte erzählen.

Die Schlosskapelle von Schloss Gottorf wurde 1590 errichtet. Der prächtig ausgestaltete Raum ist seit der Renaissance nahezu unverändert erhalten. Signifikante Schaustücke sind der Betstuhl und eine heizbare Loge für den Schlossherrn. Die Kapelle wurde in den Jahren 2006 und 2007 rund 18 Monate lang aufwendig restauriert.

Schloss Gottorf ist das größte Schloss Schleswig-Holsteins. Das herrschaftliche Gebäude ist von Wasser umgeben und weithin sichtbar. In den 800 Jahren seines Bestehens wurde es mehrmals umgebaut und wandelte sich so von einer mittelalterlichen Burg über eine Renaissancefestung zu einem Barockschloss.

Der Hirschsaal auf Schloss Gottorf wurde 1595 vollendet und gilt als einer der schönsten Festsäle der Renaissance. Er wurde Anfang des Jahrtausends aufwendig restauriert und ist originalgetreu erhalten.

Das Globushaus ist der Mittelpunkt des oberhalb von Schloss Gottorf liegenden Parks. Er wurde von Friedrich III. (1597–1659) angelegt und als das „neue Werk“ bezeichnet. Mit dieser Anlage demonstrierten die Schleswiger Herzöge ihren Anspruch, trotz ihres kleinen Territoriums, eine kulturelle und wissenschaftliche Großmacht zu sein. Der 1637 entstandene Barockgarten war der erste Terrassengarten nach italienischer Art in ganz Mitteleuropa.

Die Königswiesen sind der zentrale Stadtpark von Schleswig. Sie wurden 2008 modernisiert, weil sie als Fläche für die Landesgartenschau Schleswig-Holsteins dienten. Sie sind etwa 16 Hektar groß und liegen direkt am Nordufer der Schlei.

Das Globushaus wurde extra für den riesigen Globus errichtet. Die rund drei Meter hohe Kugel, die hier im Schlosspark steht, ist die Rekonstruktion des Gottorfer Globus von 1650 bis 1664, den Herzog Friedrich III. in Auftrag gegeben hatte.

Auch heute noch kann man in dem begehbaren Globushaus die Erde bestaunen. Es beherbergt den nachgebauten Gottorfer Globus, der seinerzeit als technisches Wunderwerk galt. Die Kugel zeigt von außen die Erde. Ihr Inneres ist vermutlich eines der ersten Planetarien der Welt.

Wie Phönix aus der Asche taucht der 112 Meter hohe Turm des Schleswiger Doms aus dem Morgennebel auf. Er ist eines der bedeutendsten Bauwerke der norddeutschen Kirchengeschichte. Es wird vermutet, dass der Dom St. Petri um 1105 auf den Fundamenten eines Vorgängerbaus errichtet wurde.

Der dreiflüglige Kreuzgang wurde 1310 bis 1320 unter Bischof Johannes II. von Bokholt aus Backstein an den romanischen Dom Schleswigs angebaut. Er wird als „der Schwahl“ (dänisch: Svalen) bezeichnet, was so viel wie „halboffener Gang außerhalb eines Hauskörpers“ bedeuten soll. Es handelt sich um einen Prozessionsgang, der aus der Kirche heraus- und wieder in die Kirche hineinführt. Hier befinden sich restaurierte Fresken aus der Erbauungszeit. Sie zeigen in den einzelnen Wandfeldern das Leben Jesu und in den Gewölben Fabelwesen.

Der Bordesholmer Altar wurde nach jahrelanger Arbeit 1521 von Hans Brüggemann vollendet und ist das wichtigste Kunstwerk im Dom zu Schleswig. Der Schnitzaltar ist 12,60 Meter hoch und mit 392 Figuren bestückt, die die biblische Passionsgeschichte erzählen. Der Altar wurde ursprünglich für die Chorherrenkirche des Augustiner-Stifts in Bordesholm gefertigt. In den Dom wurde er 1666 gebracht.

Der Dom zu Schleswig: Die romanische Basilika wurde von 1200 bis 1408 zur spätgotischen Hallenkirche erweitert und im 16. Jahrhundert vollendet. Aber erst am Ende des 19. Jahrhunderts erhielt diese Backsteingotik-Kathedrale ihre heutige äußere Form mit dem mit 112 Metern im Verhältnis zu den Proportionen des Domes allzu hoch geratenen Turm, auf dem sich in 65 Metern eine Aussichtsplattform mit Blick auf Schleswig, die Schlei und die ehemalige Fischersiedlung Holm befindet. Blick in den etwa 100 Meter langen Innenraum des Doms

Im Zentrum der Fischersiedlung auf dem Holm steht die kleine Kapelle mit dem Friedhof. Heute gibt es in Schleswig nur noch wenige Fischer. Das Geschäft ist hart geworden, der Fang reicht oft nicht mal mehr, um eine Familie zu ernähren.

Die Fischersiedlung Holm ist trotz ihrer Nähe zur Schleswiger Altstadt eine Welt für sich geblieben. Von hier aus zogen die Fischer los auf die Schlei, um Fische zu fangen. Bereits im Mittelalter lebten in dem Stadtteil Fischer, um 1900 gab es rund 120 von ihnen.

ECDP
1639

Auch ein Bibelgarten kann in Schleswig besichtigt werden. Er wurde in den Jahren 1996 und 1997 von der Hamburger Landschaftsgärtnerin Gudrun Lang auf dem Gelände des alten Johanniterklosters angelegt. Hier wachsen jetzt biblische Pflanzen wie etwa Lavendel, Rizinus, Akanthus, Alraune, Weihrauch und Wein. Ein Teil des Gartens hat die typische Form eines Klostergartens, in dem sich die einzelnen Wege kreuzen.

Hinter dem kleinen Bibelgarten gibt es einen größeren, parkähnlich angelegten Bereich. Hier stehen große Steinskulpturen. In ihnen können Besucher bei längerer Betrachtung biblische Formen entdecken. Im „Garten der Philosophen“ bleibt der Blick an der großen Skulptur Birgit Knappes „Jakobs Palast“ (2000) hängen.

Besonders beschaulich ist es in Schleswig direkt am Wasser. Verschiedene Häfen hat der Ort für kleinere und größere Boote zu bieten. Und sogar eine ganze Menge Hausboote gibt es mittlerweile hier, einige davon können gemietet werden. Der achteckige Wikingturm im Hintergrund hat eine Gesamthöhe von knapp 90 Metern verteilt auf 27 Geschosse. Durch seine charakteristische Architektur besitzt das Bauwerk einen hohen Wiedererkennungswert. Im 26. Obergeschoss befindet sich ein Restaurant.

Nahaufnahme des Knaufs eines Wikingerschwertes im Museum von Haithabu. Die Griffe aus harzhaltigem Föhrenholz wurden von Schmieden mit aufwendiger heimischer Verzierung angebracht. In der Ausstellung des Museums werden viele Originalfunde gezeigt. Sie geben einen eindrucksvollen Überblick über das Leben vor rund 1000 Jahren.

Fünf Runensteine wurden in der Umgebung des Wikingerdorfes Haithabu gefunden: der Skarthi-Stein, der große (Foto) und der kleine Sigtrygg-Stein, der Erik-Stein und der Schleswiger Domstein. Sie sind seltene Zeugen für die Herrschaft schwedischer Wikinger im heutigen Schleswig-Holstein und Dänemark. Die Erstellung von Runensteinen sollte der Erinnerung an bedeutende Männer dienen. So steht auf dem 1797 entdeckten großen Sigtrygg-Stein in schwedischen Runen geschrieben: „Asfrid machte dieses Denkmal nach (zum Gedenken an) Sigtrygg, ihren und Knubas Sohn.“ Der Stein lag zerbrochen an der Furt zwischen dem Haddebyer und dem Selker Noor, die in früheren Zeiten stark frequentiert wurde.

In der Dauerausstellung im Wikinger Museum Haithabu gibt es viele spannende Dinge zu entdecken. Hier werden Originalfunde aus dem Frühmittelalter gezeigt. Dazu gibt es ein eigenes Kino, in dem zwei Filme über die Welt der Wikinger angeboten werden, einer für die ganze Familie, einer für Kinder.

Die kleinen Wikingerhütten liegen ein Stück entfernt von dem Museum mit der Ausstellung, wunderbar romantisch direkt am Wasser. Auf einem Pfad kann man zu ihnen wandern. Hier landeten früher die Schiffe der Wikinger an. Die Häuser sind nach originalen Baubefunden gebaut. Sie geben den Besuchern einen eindrucksvollen Einblick in den Alltag der Menschen vor rund 1000 Jahren. Da gibt es ein Haus des Kammmachers, des Tuchhändlers, des Schuhmachers und eine Herberge zu besichtigen.

Haithabu war im 10. Jahrhundert Zentrum des Handels zwischen Nord- und Ostsee. In der Ausstellung im Museum werden unter anderem Schätze dieser untergegangenen Kultur gezeigt wie Waffen, Schmuck und das Wrack eines Wikingerschiffes.

In den alten Öfen der Wikingerbehausungen lodert oft echtes Feuer, die Luft brennt in den Lungen. Manchmal sitzen als Wikinger verkleidete Männer und Frauen in den Häusern und beantworten auch gern alle Fragen der Besucher.

Das Danevirke Museum ist nicht weit von Haithabu entfernt. Kernstück des Areals ist ein Grenzwall, der vermutlich im fünften Jahrhundert vom Stamm der „Danen“ erbaut wurde und die Südgrenze ihres Territoriums markieren sollte. Die Anlage wurde durch das gesamte Mittelalter hindurch und im 19. Jahrhundert genutzt.

Das schönste Dorf und die teuersten Häuser

VON OLPENITZ ÜBER SIESEBY UND RIESEBY NACH LOUISENLUND – DIE REGION SCHWANSEN

„Und ich freu mich auch, denkt Martha, oh Gott sei Dank, ich freu mich auch! Und zum Glück ist da jetzt wirklich wieder dieses Gefühl, auf das sie bis eben vergeblich gewartet hat, zuerst auf der verregneten Fahrt und dann hier in Matsch und Grau. Das wunderbare Sommerby-Gefühl, das sie im Sommer zum ersten Mal erlebt hat, das Sommerby-Glücksgefühl. Ich bin wieder hier!, denkt Martha. Ich bin tatsächlich wieder hier!"

Sommerby gibt es wirklich, es liegt in der Nähe von Olpenitz in Schwansen, kurz hinter Kappeln, direkt gegenüber von Maasholm und kurz bevor die Schlei in die Ostsee mündet. Das hier ist einer der schönsten Orte in der Region, und trotzdem wird man ihn auf keiner Landkarte und in keinem Navigitionssystem finden. Sommerby heißt in Wahrheit nicht Sommerby, den Namen hat sich die Kinderbuchautorin Kirsten Boie ausgedacht. Drei ihrer Bücher spielen an der Schlei, der zweiten Heimat der Hamburger Ehrenbürgerin. Und wer ein Gefühl für die Region in verschiedenen Jahreszeiten bekommen will, dem wird es in den wunderbaren Geschichten so authentisch vermittelt wie nirgendwo sonst.

Kirsten Boie macht ein Geheimnis daraus, wo sie Sommerby exakt verortet, doch wer die Schlei mit einem Boot in Richtung Ostsee fährt, kann sich vorstellen, dass genau hier, in einem der Reetdachhäuser auf der rechten Seite unweit des Dörfchens Olpenitz, wohl Oma Inge, so heißt die Hauptfigur in den Sommerby-Bänden, leben würde. Auch Boie bewohnt mit ihrer Familie seit rund 20 Jahren eine alte Tagelöhnerkate zwischen Kappeln und der Ostsee. Hier sind viele ihrer Bücher entstanden, hierher zieht sie sich zum Schreiben zurück. „Manches Mal fließt es hier oben geradezu aus mir heraus", sagt sie. „Ich glaube, die Ruhe ist dabei sehr wichtig. Ich werde viel seltener abgelenkt." Boie liebt die Gegend, wie sich an ihrem Vorwort für dieses Buch unschwer erkennen lässt.

Das Dorf Olpenitz ist ein kleines, gewachsenes Örtchen auf der Halbinsel Schwansen, die an drei Seiten an Wasser angrenzt, im Süden ist es die

Eckernförder Bucht, im Osten die Ostsee und im Norden die Schlei. Der Name der Region stammt vermutlich vom Schwansener See in der Gemeinde Dörphof. Offiziell gehört Olpenitz seit 1970 zu Kappeln. „Das schöne Dorf" steht auf einem Schild gleich hinter dem Ortseingang, und dem ist wenig hinzuzufügen. Viele nette kleinere und größere Häuser lassen sich entdecken, manche mit und manche ohne Reetdach, nicht wenige haben direkten Schleizugang oder Schleiblick. Wenn man die Dorfstraße bis zum Ende fährt, hat man freie Aussicht auf das Wasser – und auf das andere Olpenitz, das in den vergangenen Jahren für viele Schlagzeilen gesorgt hat und das man mit dem Dorf genauso wenig verwechseln kann wie den FC Bayern München mit dem FC St. Pauli.

Das andere Olpenitz war früher ein Marinestützpunkt, bis Investoren auf die Idee kamen, auf dem riesigen Areal Ferienhäuser und Ferienwohnungen zu bauen. Entstanden ist eine Trabantenstadt mit Gebäuden, wie man sie eher aus den USA kennt, und bald rund 5000 Betten. Wer von dem Dorf ins Ferienresort Olpenitz fährt, reist in eine andere Welt, die wenig bis nichts mit dem Rest der Schleiregion zu tun hat, und trotzdem begehrt ist. Zufall oder nicht: In der Nachbarschaft von Olpenitz liegt mit Damp 2000 ein Ferienzentrum, das mit dem zukunftsträchtigen Namen im Jahr 1968 geplant wurde, und das heute vor allem für seine Hochhäuser bekannt ist, in denen Kliniken und Rehaeinrichtungen ihren Sitz haben. Seien wir fair: Gegenüber Damp 2000 ist das neue Olpenitz ein wirklich schöner Platz…

Viel schöner ist es aber, wenn man das Ferienresort wieder verlässt und mit dem Auto oder dem Fahrrad ins Landesinnere fährt, Richtung Schleswig. Immer wieder taucht die Schlei auf der rechten Seite auf, sie weist den Weg zu dem mit Abstand sehenswertesten Ort in diesem Teil der Region: Sieseby gehörte ursprünglich dem Hamburger Kaufmann Gustav Anton Schäffer. Bis heute erinnern daran die Initialen G.A.S., die an vielen der typischen Reetdachhäusern zu finden sind. 1887 erwarb die Herzogsfamilie Schleswig-Holstein-Sonderburg-Glücksburg zusammen mit Gut Bienebek den Ort. Bis heute gehören den Nachkommen die Katen, die hier und da in die Jahre gekommen sind, was nicht nur der dicke Moosbefall auf vielen Reetdächern belegt. Seit 2000 steht Sieseby als sogenanntes Flächendenkmal in Schleswig-Holstein unter Denkmalschutz.

Gleich hinter dem Ortseingang liegt der Gasthof Alt Sieseby von 1867. Das majestätische Gebäude, eines der wenigen ohne Reetdach, hat 2016 die Gastronomin Maria von Randow gekauft und umgebaut. „Wegen des Denkmalschutzes mussten wir uns an viele Vorgaben halten“, sagt sie. Seit 2007 kocht die freundliche Frau in der Region, zuvor nicht weit weg im Rieseby Krog, der Ort liegt ein paar Kilometer entfernt. In den vergangenen Jahren wurde von Randow immer wieder in verschiedenen Restaurantführern ausgezeichnet. Einen Stern möchte sie sich allerdings nicht erkochen. „Wir wollen einfache, genussvolle Küche anbieten, mehr nicht.“

Aus dem kleinen Ort Sieseby beginnen viele Spaziergänge entlang der Schlei. Direkt am Wasser kann man sowohl in Richtung Kappeln als auch in Richtung Schleswig laufen. Immer wieder stehen Bänke entlang des Weges, an Stellen, die eigentlich zu schön sind, um wahr zu sein. Wie heißt es auf einem Schild neben einer solchen Bank, das auf den Pilgerweg Siesebys hinweist und das im Schatten der Dorfkirche steht: „Manchmal muß man sich einfach nur auf eine Bank am Ufer setzen, um den Wirren der Welt zu entgehen. Ein Freiraum am Wegesrand, von dem aus man das Leben aus angenehmer Entfernung betrachtet. In Ruhe auf alles schaut wie ein friedlicher Gott.“ Und dabei irgendwie an Sommerby und Kirsten Boie denken muss…

Nicht weit von Sieseby liegt Rieseby, die beiden Orte werden gern verwechselt. Rieseby ist ein größeres Dorf unter den vielen kleinen am Wasser. Es wirkt auf den ersten Blick unspektakulär, hat aber die Güter Krieseby, Saxdorf, Büstorf und Stubbe zu bieten. Letzteres wurde 2005 von dem Hamburger Reeder Bernd Kortüm übernommen und modernisiert, hier leben Aberdeen Angus Rinder genauso wie die Angler Sattelschweine und jede Menge Gänse und Hühner. Dazu gibt es einen großen Obsthof, ein Café und einen Hofladen. Kortüm verstarb im Mai 2021, seine Erben betreiben das historische Gut, dessen Wurzeln bis ins 12. Jahrhundert zurückreichen. Aus Gut Saxdorf sollte eigentlich eine Ferienanlage mit Spa, Ferienwohnungen und einem Hotel werden. Die Pläne gibt es schon etwas länger, ob sie umgesetzt werden, ist unklar.

Und dann gibt es, gar nicht so weit entfernt, den Ort, der weit über die Grenzen des Landes bekannt ist und dem es lange vor allem zu verdanken war, dass Menschen überhaupt wussten, wo die Schlei liegt. Louisenlund. Hamburger, Schleswig-Holsteiner, aber auch Eltern aus Süddeutschland schicken in dem gleichnamigen Internat ihre Söhne und Töchter zur Schule. Viele Prominente besuchten Louisenlund, beispielsweise Enno Freiherr von Ruffin, Inhaber des Gutes Basthorst bei Hamburg, der Kaffee-Unternehmer Albert Darboven, Reeder Nikolaus W. Schües, der Hamburger Bankier Max M. Warburg, Schauspieler Oliver Mommsen oder die Tochter von Till Schweiger, Lilli Schweiger.

Das Herrenhaus des Internats war die Sommerresidenz des Landgrafen Karl von Hessen-Kassel und seiner Frau Louise. Nach ihr ist das Gut auch benannt. Später ging es an die herzogliche Familie Schleswig-Holstein-Sonderburg-Glücksburg, Friedrich von Schleswig-Holstein gründete hier nach dem Zweiten Weltkrieg die Schule. Auch hier gilt: Ein Abstecher zu dem wunderschönen Haus und dem sogenannten Freimaurerpark, angelegt Mitte des 18. Jahrhunderts im englischen Stil mit Bauwerken im freimaurerischen Stil, lohnt in jedem Fall.

An den Wochenenden gleicht die Schlei manchmal einer Schiffsautobahn, wenn am Morgen die Segler aus Schleimünde auslaufen, um nach Dänemark zu fahren und ab mittags viele in den Ostsee-Seitenarm einlaufen, um in einem der kleinen Häfen anzulegen.

Das OstseeResort Olpenitz war ursprünglich ein großer Marinestützpunkt. Anfang des Jahrtausends wurde der Hafen aufgegeben. Jetzt entstehen hier seit Jahren Ferienhäuser und Wohnungen.

Der Weidenfelder Strand liegt in der Nähe von Schleimünde in Schwansen und ist etwa zwei Kilometer lang. Wie viele Strände in der Schleiregion ist er auch in der Hauptsaison selten überfüllt.

Wenn die Segler die Schlei verlassen haben, geht es hinaus auf die Ostsee, entweder Richtung Dänemark, in die Flensburger Förde oder Kurs Kiel. Die gelben Rapsfelder sind gerade von See aus wunderschön leuchtend zu sehen.

154

Unter Olpenitz verstehen die meisten Menschen mittlerweile das große OstseeResort. Doch Olpenitz ist viel mehr, nämlich ein kleines Dorf unweit des Resorts, direkt an der Schlei gelegen – mit einer zauberhaften Landschaft drumherum. Im Hintergrund ist die charakteristische Baumgruppe von Schleimünde zu sehen. Sie bietet Seglern bei der Ansteuerung oft eine Orientierung – neben dem Leuchtturm natürlich.

Sieseby ist das wohl schönste Dorf an der Schlei. Die reetgedeckten Häuser sind Schmuckstücke. Zu einer Goldküste wird das schilfgesäumte Schleiufer, wenn die Nachmittagssonne leuchtet. Und unmittelbar an der Schlei entlang führt ein nur wenigen bekannter Wanderweg.

Die Kirche von Sieseby umgibt ein romantischer Friedhof, durch den Besucher wandern können. Sie ist das älteste Gebäude in dem kleinen Dorf und wurde im 12. Jahrhundert errichtet.

Der Ort Sieseby gehörte ursprünglich dem Hamburger Kaufmann Gustav Anton Schäffer. Die Initialen G.A.S., die an vielen der typischen Reetdachhäuser zu finden sind, erinnern noch heute daran. 1887 erwarb die Herzogsfamilie Schleswig-Holstein-Sonderburg-Glücksburg zusammen mit Gut Bienebek den Ort.

Idylle pur: So wünscht man sich ein Ferienhaus, umgeben von einem Bauerngarten, von Bäumen geschützt, mit Reet gedeckt und mit Blick auf die Schlei. Seit dem Jahr 2000 steht Sieseby als sogenanntes Flächendenkmal in Schleswig-Holstein sogar unter Denkmalschutz.

So friedlich ist es am Ufer der Schlei in der Nähe von Sieseby. Gelb leuchtet es jedes Jahr in der Gegend ab Ende April. Zum Glück ist ein großer Teil der außergewöhnlichen Landschaft noch naturbelassen. Fast zu schön, um wahr zu sein.

Der Bau der St. Petri-Kirche in Rieseby wurde zu Beginn des 13. Jahrhunderts begonnen. Nach einem Bauplanwechsel wurde sie im späten 13. Jahrhundert als spätromanische Backsteinkirche vollendet.

Erste Teile des Guts Krieseby wurden vermutlich im 12. Jahrhundert angelegt. Lange Zeit stand hier ein Meierhof. Die heutige Anlage wurde allerdings erst im 18. Jahrhundert geplant und erbaut.

Die Mühle Anna wurde 1911 erbaut und ist ein sogenannter Galerie-Holländer. Teile des Gebäudes stammen aus Westerhever an der Nordsee. Bis 1978 war sie in Betrieb, 1994 wurde sie dann von der Gemeinde Rieseby erworben und aufwendig restauriert. Heute beherbergt sie ein Heimatmuseum.

Dieser Ort ist weit über die Grenzen des Landes bekannt: Louisenlund. Hamburger, Schleswig-Holsteiner, aber auch Eltern aus Süddeutschland schicken in dem gleichnamigen Internat ihre Söhne und Töchter zur Schule. Viele Prominente besuchten bereits Louisenlund, dessen 1772 bis 1776 erbautes Schloss die Sommerresidenz des Landgrafen Karl von Hessen-Kassel und seiner Frau Louise war. Später ging das Anwesen an die heutigen Besitzer, die Familie der herzoglichen Linie Schleswig-Holstein-Sonderburg-Glücksburg über. Das Schloss und der Hofbereich sind für die Öffentlichkeit zugänglich.

Bohnertfeld ist eine sehr kleine Badestelle, die oft einsam daliegt. Der Naturstrand bietet also eine wunderbare Möglichkeit, einmal ganz in Ruhe zu entspannen. Außerhalb der Hauptsaison ist das allerdings durchaus an vielen Orten an der Schlei möglich. Noch hat der Tourismus hier nicht überall Einzug gehalten.

Das Ornumer Noor ist die schmalste Seitenbucht der Schlei. Nur rund 300 Meter ist es breit und etwa zwei Kilometer lang. In das Noor und in die hier mündende Koseler Au kommen verschiedene Fischarten zum Laichen wie Hechte, Barsche oder Aale.

170

Schleswig-Holsteins Landschaft ist durch die Feldwirtschaft der großen Güter geprägt worden. Riesige Felder dehnen sich auch an der Schlei bis zum Horizont aus. Die Tourismusorganisation der Region hat deshalb auch verschiedene Rad- und Wandertouren erarbeitet, um Besuchern die verborgenen Ecken zu zeigen.

Der Strand Schneiderhaken ist einer der schönsten entlang der Schlei. Hier geht es seicht ins Wasser hinein, eine ideale Badestelle für Familien. Am Strand steht außerdem einer der sogenannten Netzausleger, eine Holzkonstruktion, in deren Mitte ein bequemes Fischernetz hängt, zum Ausruhen und Entspannen.

In der Nähe dieses Wanderwegs direkt an der Schlei liegt der kleine Ort Weseby, der zur Gemeinde Kosel gehört. Früher war er ein Fischerdorf. Allerdings ranken sich Geheimnisse um die Gegend, denn hier wurden bereits Speerspitzen von Rentierjägern aus der Weichseleiszeit (10.000 v. Christus) gefunden.

Überwältigend schön sind immer wieder die wilden Uferlandschaften wie der Wanderweg von Bustorf Richtung Gut Stubbe. Viele Strecken sind weitgehend unerschlossen und noch vollkommen ursprünglich.

Sophie Laufer, geboren 1978, verlebte schon als Kind nahezu alle Ferien an der Schlei, wo ihre Familie einen alten Resthof besitzt. Die Journalistin, die seit mehr als eineinhalb Jahrzehnten für das Hamburger Abendblatt arbeitet, verbringt auch heute fast jedes freie Wochenende mit ihrer Familie in der Region und kennt sich dort so gut aus wie wenige andere. Was vor allen Dingen daran liegt, dass sie über die Schlei schon berichtet hat, als die meisten Menschen diesen Teil Deutschlands – wenn überhaupt – nur mit der Vorabendserie „Der Landarzt" verbanden. Und dass sie nicht nur an Land, sondern als begeisterte Seglerin auch regelmäßig auf dem Wasser unterwegs ist.

Impressum:
Bibliografische Information der Deutschen Nationalbibliothek
Die Deutsche Nationalbibliothek verzeichnet diese Publikation in der Deutschen Nationalbibliografie; detaillierte bibliografische Daten sind im Internet über http://dnb.d-nb.de abrufbar.

ISBN 978-3-8319-0838-7

Borselstraße 16c
D-22765 Hamburg
info@ellert-richter.de

3. Auflage 2025

Text und Bildlegenden:
Sophie Laufer, Hamburg
Gestaltung: BrücknerAping, Büro für Gestaltung, Bremen
Gesamtherstellung:
ADVerts, Riga, Lettland
www.ellert-richter.de

Bildnachweis:
ALSH/Tom Körber: 140/141
Baumann, Stephan, bild_raum: 124
Brunswieck, Michaela, Tolk: 36/37
Martin Elsen (www.nord-luftbilder.de): 2/3, 72/73, 78/79, 148/149
www.camping-helloer.de: 95
huber images, Garmisch-Partenkirchen: Titelfoto (Sieseby an der Schlei), 12/13, 30/31, 34/35, 46 u., 52/53, 54 u., 55 u., 58/59, 62 o., 62 u., 63, 65 u., 71, 76/77, 80 o., 80 u., 81, 82 o., 82 u., 83, 98 u., 99, 118/119, 125 o., 131 o., 138o., 159o., 159 u.
Lau, Ingo, Schleswig: 96/97, 154/155, 166/167
Matzen, Henrik, Stafstedt: 102/103, 110/111, 134/135, 173 o.
mauritius images, Mittenwald: 8/9, 10/11, 26/27, 32 o., 32 u., 33, 46 o., 47, 54/55 o., 60 o., 60 u., 61, 75 o., 77 u., 87, 92/93, 100/101, 106 o., 107, 108/109, 128 u., 129, 130/131, 132/133, 138/139, 139 o., 152/153, 158, 162 o., 162 u., 163
Nitsch, Bodo, Niesgrau: 66/67
Polte, Stefan, Noer: 20/21, 126/127, 134/135, 174/175
Reinke, Hans-Dieter: 133 u.
Stiftung Schleswig-Holsteinische Landesmuseen, 120 o., 121, 125 u. (Foto: Dewanger) 122/123 (Foto: Dombetzki), 120 u., 137
Süßen, Matthias, Kiel: 93 o., 94 o., 94 u., 98, 136 u., 164/165
Yves-Raphael Loerke – Yorbiter.com: 4/5, 6/7, 28 o., 28/29, 38/39, 41, 42/43, 44/45, 56/57, 74/75, 88/89, 90/91, 91 u., 104/105, 112/113, 136 o., 146/147, 150/151, 156/157, 160/161, 168/169, 170/171, 172/173, 174/175
Wikimedia Commons: 40 o., 40 u., 64/65, 106 u., 128 o., 136 o., 136 u.